WIR WÜRDEN UNS PERFEKT ERGÄNZEN: IHR HERZ IST EINSAM UND VOLLER SEHNSUCHT UND MEINE KÜCHE SIEHT AUS WIE SAU...

Uli Stein

Männer!

LAPPAN

Foto: Iris Klöpper

Uli Stein, (1946 – 2020) ist der erfolgreichste und bekannteste Cartoonist Deutschlands. Nach dem Abi studierte er Pädagogik, entschied sich aber kurz vor dem Staatsexamen gegen eine Beamtenlaufbahn und begann zu fotografieren und zu schreiben. Seine Nonsens- und Satiretexte bescherten ihm eine eigene Sendung beim Saarländischen Rundfunk, bevor er eher nebenbei entdeckte, dass er die Pointen seiner komischen Einfälle mit dem Zeichenstift schneller auf den Punkt bringen konnte als mit vielen Worten. So entstanden seine ersten Cartoons, deren Figuren im Laufe der Jahre zu den unverwechselbaren Charakteren wurden, die heute Millionen Menschen kennen und lieben. Seine Cartoons erschienen zuerst in Zeitungen und Zeitschriften, danach in Büchern und auf zahlreichen Produkten. Allein im deutschsprachigen Raum sind fast 14 Millionen Cartoonbücher von Uli Stein verkauft worden. Er hat damit nachhaltig die Cartoonszene geprägt.

Uli Stein lebte und arbeitete zurückgezogen bei Hannover, seiner Geburtsstadt. In den letzten Jahren tauschte er den Zeichenstift zunehmend gegen die Kamera ein und ging seiner zweiten großen Leidenschaft nach: dem Fotografieren. Mehrere viel beachtete Ausstellungen, aufwendige Fotobände und Kalender dokumentieren auch diese Seite seiner Kreativität.

Im Mittelpunkt seines künstlerischen Schaffens standen immer wieder Tiere, vor allem Hunde, die er leidenschaftlich liebte. 2018 gründete er die „Uli-Stein-Stiftung für Tiere in Not", die sich dem Tierschutz im In- und Ausland verschrieben hat und seine Anliegen weiterführen wird.

8. Auflage 2023

Völckersstraße 14 - 20, 22765 Hamburg

ISBN 978-3-8303-3390-6

Umschlag- und Innenillustrationen: Uli Stein
Herstellung und Gestaltung: Ulrike Boekhoff
Lektorat: Dieter Schwalm

Triff uns auf facebook.com/lappanverlag
und auf instagram.com/lappanverlag • www.lappan.de

Uli Stein im Internet: www.ulistein.de

FSC www.fsc.org
MIX
Papier | Fördert gute Waldnutzung
FSC® C002795

Wir produzieren nachhaltig
- Klimaneutrales Produkt
- Papiere aus nachhaltigen und kontrollierten Quellen
- Hergestellt in Europa

MEINE FRAU ZIEHT JEDEN ABEND DURCH DIE KNEIPEN...
ACH? SIE TRINKT?
NEIN, SIE SUCHT MICH!

WENN DU NUN SCHON IN DER NASE BOHREN MUSST - WARUM MACHST DU ES DANN NICHT WENIGSTENS WIE ALLE ANDEREN AUCH?

WENN HIER STEHT,
AN DEN KUCHEN MÜSSEN DREI EIER,
DANN NEHM ICH AUCH DREI EIER!

JA, ES IST UNSER ZWANZIGSTER HOCHZEITSTAG!!! UND ICH MÖCHTE WEDER IRGENDWELCHE SCHADENFROHEN BEMERKUNGEN ODER HÄMISCHES FEIXEN HINTER MEINEM RÜCKEN – IST DAS KLAR?

HIER MUSS EINER INS GEFÄNGNIS WEGEN HEIRATSSCHWINDEL IN 128 FÄLLEN...
WERDEN DIE BESUCHSTAGE AUCH KEINE FREUDE FÜR IHN WERDEN!

HABEN SIE IHRER FRAU SCHON MAL SO RICHTIG DIE MEINUNG GESAGT?
EINMAL. WOLLEN SIE MAL DIE NARBE SEHEN?

DENK NICHT
MAL DRAN !!!

ICH TRINKE
UM ZU VERGESSEN ...
UND WAS WOLLEN
SIE VERGESSEN?
ÄHHH... HAB
ICH VERGESSEN!

ACH, DER ANZUG HAT'S AUCH MAL NÖTIG GEHABT!

BRATWURST - ECK
MEIN SCHLOSS IST EINGEFROREN - KÖNNEN SIE DEN AUTOSCHLÜSSEL FÜR EIN PAAR MINUTEN AUF DEN GRILL LEGEN?

WIR HATTEN HEUTE AUFNAHMEPRÜFUNG FÜR DEN MALKURS UND MUSSTEN EIN EI ABMALEN ...
UND?
ICH BIN DURCHGEFALLEN!

KANNST DU
DEIN FAHRRAD NICHT
NACH DEM ESSEN
REPARIEREN?

MÖCHTEST DU NOCH IRGENDWAS SAGEN, BEVOR DIE EUROPAMEISTERSCHAFT ANFÄNGT?

SIE HABEN IHRE KAROTTEN VERKEHRT HERUM EINGESÄT!

ICH HOFFE, DAS EINE MAL
BUNGEE-JUMPING
HAT DIR GEREICHT ...

LIES DOCH MAL EIN BUCH, SOLANGE DER FERNSEHER IN REPARATUR IST!
DAS IST MIR ZU STATISCH!

DU KÖNNTEST AUCH MAL WAS IM HAUSHALT TUN!
NA HÖR MAL - DU KENNST DOCH MEINE EINSTELLUNG: DAS IST IN EINER GLEICHBERECHTIGTEN BEZIEHUNG HEUTZUTAGE DOCH SELBSTVERSTÄNDLICH!
ÄHH...WO SCHALTET MAN IHN EIN?

KANN ICH NICHT MAL IN RUHE MEINE ZEITUNG LESEN, OHNE DASS MIR GLEICH JEMAND MEIN HONIGBRÖTCHEN KLAUT?

HAST DU DIR SCHON ÜBERLEGT,
WO DEIN CHEF SITZEN SOLL?

UND? WAS SAGT DAS BRATENTHERMOMETER?
DER BRATEN HAT FIEBER!

ACH HIER BIST DU! ICH HAB DEINE BRILLE GEFUNDEN...

ERWIN VERMISST SEINEN JOB IN DER FRIEDHOFSGÄRTNEREI MEHR ALS ICH DACHTE...

MIT MÖBELPOLITUR GING DER FLECK NICHT WEG – DA HAB ICH IHN EINFACH RAUSGESÄGT ...

ICH WILL KEINEN KRANKENSCHEIN – ABER VIELLEICHT EIN ATTEST, DASS ICH KEINE HAUSARBEIT MACHEN DARF?

ES SCHMECKT NICHT NACH PETERSILIE? MIST, DANN WAR ES MARTHAS BONSAI!

WARUM LIEST DU NICHT MAL EINE SCHÖNE, GROSSE MORGENZEITUNG WIE ANDERE MÄNNER AUCH?

ERWIN WAR DIE LETZTEN JAHRE NICHT ZUR WAHL. JETZT ÜBT ER ...

SIE TANZEN WIE EINE GAZELLE...
...ODER WIE DIESES TIER MIT DEM RÜSSEL HEISST...

WAS FÜR EINE KINDISCHE WETTE: WER TRAUT SICH, EINE VIAGRA IN DIE NASE ZU STECKEN...

WENN DU SOWIESO NUR IMMER BERGAB FÄHRST, HÄTTEST DU ES GAR NICHT ZU KAUFEN BRAUCHEN!

MAL WAS GANZ ANDERES - KENNEN SIE EIGENTLICH BAUERNSKAT?
TAROT

WOLLEN SIE NICHT DOCH EINEN APERITIF, BEVOR DAS KALTE BUFFET ERÖFFNET WIRD, HERR LENGER?

ICH MÖCHTE MEINE BRILLE ABHOLEN!
OPTIKER

WER HAT DAS DA HINGEHÄNGT?

ICH HAB SIE GERADE BEI E-BAY ERSTEIGERT! NICHT DAS ALLERNEUESTE MODELL, ABER SAGENHAFT GÜNSTIG!
GLÜCKWUNSCH! UND DIE KAMERA? IST DIE AUCH VON E-BAY?

SOLL ICH DIR NICHT DOCH LIEBER EINEN KALTEN UMSCHLAG MACHEN?

MEINE FRAU NIMMT JETZT KLAVIERSTUNDEN!
WIR KÖNNEN UNSERE NACHBARN AUCH NICHT LEIDEN...

ICH? DEN GARTEN UMGRABEN? ICH WÜSSTE GAR NICHT, WONACH ICH SUCHEN SOLLTE...?

JAWOHL, LIEBLING! ABER GEWISS DOCH, MEIN SCHATZ! ABER NATÜRLICH ...
SEIN VORBESITZER SOLL EIN MUSTERGATTE GEWESEN SEIN ...

IN IHRER ANZEIGE STAND 90-60-90...?
MEIN GEWICHT, MEIN IQ UND MEIN GRUNDPREIS!

BIS HIERHIN BIN ICH GESTERN AUCH GEKOMMEN!
7
6

Grosse Auswahl an Hörbüchern
SIND ABER ZIEMLICH LEISE...
HÖRBÜCHER GIBTS IM ERSTEN STOCK...

MIT DER WASSERTEMPERATUR IST ER SEHR EIGEN...

ZWANZIG JAHRE WAREN MEINE FRAU UND ICH DIE GLÜCKLICHSTEN MENSCHEN, DIE MAN SICH VORSTELLEN KANN...
UND DANN?
DANN HABEN WIR UNS KENNENGELERNT...

SIE SOLLTEN REINBLASEN UND NICHT REINKOTZEN!
GING GRAD NICHT ANDERS...

ICH HAB´S JETZT: ES SIND GENAU 14!
SCHÄLEN, ERWIN! DU SOLLTEST SIE SCHÄLEN!
STEIN

ER HAT SIE SICH ZUM GEBURTSTAG GEWÜNSCHT, ABER ER HAT NOCH KEINEN EINZIGEN TON RAUSGEKRIEGT ...

ZEITUNGEN
VIERZEHN QUADRATMETER, BITTE! UND NICHT SO WAS TEURES...

IN ETWA GLEICH DICKE
WEISSBROTSCHEIBEN, ERWIN!
IN ETWA ...

ALS ER NOCH RAUCHTE, WAR ER GESELLIGER ...

JEDEN MORGEN DIE MAILBOX MIT SPAM ÜBER PENISVERGRÖSSERUNG ZUGEMÜLLT! WENN MAN DA MAL RAUSKRIEGTE, WER ...
ICH HAB NICHTS AUSGEPLAUDERT ...

DIE FARBE GEFÄLLT IHNEN, ER DRÜCKT NICHT – WAS DENN NUN NOCH?

BODE GmbH
Schlosser und Schweisser für Montage dringend gesucht
HE - DAS WÄR DOCH WAS FÜR DICH!
AN MONTAGEN KANN ICH NICHT - DA SPIEL ICH IMMER TENNIS!

ES WAR EIN SUPER-SONDERANGEBOT! DA MUSSTE ICH EINFACH ZUGREIFEN!
DU MEINE GÜTE - WAS IST ES?
JETZT WO DU FRAGST, INTERESSIERT ES MICH AUCH...

ÜBERALL WEISSER FEINSTAUB! SOLLEN WIR BESSER DEN UMWELTBEAUFTRAGTEN ANRUFEN?
LASS GUT SEIN, ERWIN, ES HAT GESCHNEIT!

ICH WILL ERST MAL SEHEN,
OB MIR SURFEN
ÜBERHAUPT LIEGT ...

WENN ERWIN KEIN NEUES SOFA WILL, KANN ER EIN GANZ STURER HUND SEIN ...

STÄNDIG SITZT DU ÜBER DEINEN BLÖDEN RÄTSELN! DU KÖNNTEST MIR AUCH RUHIG MAL WIEDER WAS NETTES SAGEN!
ABER GERN, LIEBES – WIE VIEL BUCHSTABEN?

DAS IST DAS ERSTE MAL, DASS BEI UNSERER MIKROWELLE DIE TÜR NICHT SCHLIESSEN SOLL...
SERVICE

PAPA, WAS SIND VERHÄLTNISWÖRTER?
NA, SO WAS WIE DORIS, INGE, RENATE, SABINE, ELKE, VERA, CHARLOTTE UND SO WEITER...

EINFACHES JÄGERGRÜN HÄTTE WOHL AUCH GEREICHT ...

EINEN DOPPELTEN BRANDY...
AUF NÜCHTERNEN MAGEN??
MEINE FRAU HAT RECHT! BRINGEN SIE ERSTMAL EINE FLASCHE ROTWEIN!

DU HAST NICHT WIRKLICH 200 EURO BEI EINER DOMINA BEZAHLT??? FÜR WIE LANGE?
GESCHLAGENE ZWEI STUNDEN...

ICH PERSÖNLICH HÄTTE JA ZUM HOCHZEITSTAG ROSEN PASSENDER GEFUNDEN...

DARF ICH VIELLEICHT AUCH ERFAHREN, WAS DU SO KOMISCHES INS GÄSTEBUCH GESCHRIEBEN HAST?

KANN ICH ES UMTAUSCHEN WENN ES ZU FLACH IST UND MEIN TISCH IMMER NOCH WACKELT?

DER OPER VERDANKE ICH DIE SCHÖNSTEN STUNDEN MEINES LEBENS ...
ICH WUSSTE GAR NICHT, DASS DU REGELMÄSSIG IN DIE OPER GEHST?
NA ICH NICHT, ABER MEINE FRAU ...

ERWIN IST WAHNSINNIG STOLZ AUF SEINE NEUE TAUCHERUHR ...

JUNGE RUSSIN MACHT ALLES. RUF MICH AN: 0190 - 442...
BÜGELN SIE AUCH HEMDEN?

WENN SIE CHANEL NO. 5 NICHT VORRÄTIG HABEN, GEBEN SIE MIR NO. 2 UND NO. 3 - ICH GIESS' ES MIR DANN SCHON ZUSAMMEN...

ES MACHT KEINEN SPASS, MIT DIR IN EINE SUSHI-BAR ZU GEHEN ...
MENU

ICH LASS MIR DIE SCHLECHTEN NACHRICHTEN IMMER ERST VORHER RAUSSCHNEIDEN...

SIE HABEN SICH DAFÜR ENTSCHULDIGT, DASS DEIN TISCHKÄRTCHEN AUF DEM KOPF STAND. ALSO HÖR SCHON AUF, DEN EINGESCHNAPPTEN ZU SPIELEN!

KLASSE! DEN NEHM' ICH!
NEU:
FÜR ZUHAUS-HAARSCHNEIDER MIT BATTERIE

ALSO GUT, DANN FANG' ICH JETZT MAL AN. ABER ICH SAG'S IHNEN NOCH MAL: ES KÄME SIE BILLIGER, WENN SIE UMZIEHEN WÜRDEN ...

"DUFTET EINE FLEISCHFRESSENDE PFLANZE AUCH?" FRAG ICH ALSO DIE VERKÄUFERIN - UND WAS SAGT DIE BLÖDE KUH: "KEINE AHNUNG - RIECHEN SIE DOCH MAL DRAN..."

ICH MUSSTE NIESEN!

SIE SIND
DAS ERSTE MAL IN EINEM
DESSOUS-GESCHÄFT,
RICHTIG?

ENDLICH!
WASSER!! MEER ...
WOLLEN WIR NICHT
ERST MAL IM HOTEL EINCHECKEN,
ERWIN?

MEINE NEUE FREUNDIN BRINGT SOVIEL SONNENSCHEIN IN MEIN LEBEN...
ACH? SIE HAT EIN SOLARIUM?

UND? HABEN WIR 20 GRAD ÜBER NULL ODER NICHT?
DAS THERMOMETER HÄNGT FALSCH RUM...

...IM ABGANG MIT FEINEN AROMEN VON KAFFEE, PFLAUMEN UND ZIMT UND CASSIS...
HABEN SIE AUCH WELCHEN, DER NACH WEIN SCHMECKT?

SIE BRAUCHEN
IHN NICHT
EINZUPACKEN ...

Dekoratives Aufstellbuch
mit Cartoons und Fotos von Uli Stein:
„Für echte KATZENfreunde"

Das ideale Geschenk für alle Katzenliebhaber und solche, die es werden wollen!

ISBN 978-3-8303-3628-0

Uli Stein „UPDATE" – mit bisher unveröffentlichten und aktualisierten Original-Cartoons!

ISBN 978-3-8303-4528-2

ISBN 978-3-8303-4527-5

Feiern Sie Ihre **runden Geburtstage mit den lustigen Geschenkbüchern von Uli Stein** – Viel Spaß!

ISBN 978-3-8303-4518-3

ISBN 978-3-8303-4519-0

ISBN 978-3-8303-4520-6

ISBN 978-3-8303-4521-3

ISBN 978-3-8303-4542-8

LAPPAN

Bücher, die Spaß bringen!

ISBN 978-3-8303-3491-0

ISBN 978-3-8303-3512-2

ISBN 978-3-8303-3639-7

ISBN 978-3-8303-3391-3

ISBN 978-3-8303-3390-6

ISBN 978-3-8303-6300-2

ISBN 978-3-8303-4544-2

ISBN 978-3-8303-3490-3

ISBN 978-3-8303-3526-9

ISBN 978-3-8303-4328-8

ISBN 978-3-8303-3477-4

ISBN 978-3-8303-3407-1

ISBN 978-3-8303-4502-2

ISBN 978-3-8303-4499-5

*Mehr von **Uli Stein** und dem **LAPPAN**-Programm finden Sie auf **www.lappan.de***